2018
中国奶业质量报告

中国奶业协会
农业农村部奶及奶制品质量监督检验测试中心（北京） 编

中国农业科学技术出版社

图书在版编目（CIP）数据

中国奶业质量报告. 2018 / 中国奶业协会，农业农村部奶及奶制品质量监督检验测试中心（北京）编 . —北京：中国农业科学技术出版社，2018.8
ISBN 978-7-5116-3694-2

Ⅰ.①中… Ⅱ.①中…②农… Ⅲ.①乳品工业—质量管理—研究报告—中国—2018 Ⅳ.①F426.82

中国版本图书馆 CIP 数据核字（2018）第 100813 号

责任编辑　崔改泵　金迪
责任校对　马广洋
出 版 者　中国农业科学技术出版社
　　　　　北京市中关村南大街12号　　邮编：100081
电　　话　（010）82109194（编辑室）　（010）82109702（发行部）
　　　　　（010）82109709（读者服务部）
传　　真　（010）82106650
网　　址　http:// www.castp.cn
经 销 者　各地新华书店
印 刷 者　北京地大天成印务有限公司
开　　本　889mm×1 194mm　1/16
印　　张　3.25
字　　数　46千字
版　　次　2018年8月第1版　2018年8月第1次印刷
定　　价　98.00元

———— 版权所有·翻印必究 ————

中国奶业质量报告（2018）

编委会

主　任：马有祥

副主任：王　锋　刘亚清　秦玉昌

委　员：邓兴照　卫　琳　张智山　李胜利　陈绍祜
　　　　李松励　郑　楠　王加启

编写人员

主　编：刘亚清　王加启

副主编：邓兴照　卫　琳　张书义　陈　兵　李松励
　　　　郑　楠

编　者：黄京平　王玉庭　孙志华　曹志军　闫青霞
　　　　姚　远　曹　正　文　芳　张养东　郝欣雨

前　言

奶业密切关系民生保障，关系国民体质增强，是健康中国、强壮民族不可或缺的产业。世界卫生组织（WHO）把人均乳制品消费量作为衡量一个国家人民生活水平的重要指标之一。

党中央国务院高度重视奶业发展和乳品质量安全。2017年年初，习近平总书记在河北考察时指出，"我国是乳业生产和消费大国，要下决心把乳业做强做优，生产出让人民群众满意、放心的高品质乳业产品，打造出具有国际竞争力的乳业产业，培育出具有世界知名度的乳业品牌"。总书记的要求为我国奶业振兴发展指明了方向。

2017年，各地区、各部门、全行业多措并举，强化乳品质量安全监管，持续推进奶业转型升级。深入实施《全国奶业发展规划（2016—2020年）》，召开中国奶业20强（D20）峰会，开展"中国小康牛奶行动"和"奶酪校园推广行动"，推进婴幼儿配方乳粉的产品配方注册工作。在各方努力下，奶业产业素质继续提升，生鲜乳和乳制品质量水平持续提高。

《中国奶业质量报告》自2016年以来每年发布，报告通过权威数据，客观展示了我国奶业发展的现状与全貌，增强了消费者对国产乳制品的信心。据行业统计，2017年，国产液态奶销售量同比增长6.7%，消费持续复苏；进口液态奶增速明显放缓，扭转了2008年以来的高速增长势头。这些积极变化，标志我国奶业逐渐步入良性发展的机遇期。

2018年5月23日，国务院常务会议审议通过了《国务院办公厅关于推进奶业振兴保障乳品质量安全的意见》，这是奶业从转型升级走向全面振兴的行动纲领，鼓舞着、指引着每一个奶业人。

本报告得到了农业农村部、工业和信息化部、商务部、国家卫生健康委员会、海关总署、国家市场监督管理总局等有关部门，以及全国畜牧总站、国家奶牛产业技术体系的大力支持，在此一并表示诚挚谢意！

中 国 奶 业 协 会

农业农村部奶及奶制品质量监督检验测试中心（北京）

2018年7月

目 录

一、中国奶业质量安全概要 1
- （一）乳品产量基本稳定 2
- （二）乳品质量持续提升 2
- （三）现代奶业建设稳步推进 2
- （四）质量安全监管工作成效明显 3
- （五）保质量促发展任务艰巨 3

二、中国奶业生产与消费 5
- （一）奶牛养殖 6
- （二）乳制品加工 8
- （三）乳制品及相关产品进出口 10
- （四）乳制品消费 12

三、中国乳品质量安全 14
- （一）奶牛养殖卫生安全 15
- （二）生鲜乳质量安全 16
- （三）乳制品质量安全 24

四、中国奶业质量安全监管 28
- （一）继续完善乳品法规标准 29
- （二）严格监控乳品质量安全 29
- （三）全过程严格监管婴幼儿配方乳粉 30
- （四）着力提高奶牛养殖水平 30
- （五）大力提升乳品企业竞争力 31
- （六）强化奶业宣传 31

五、2018年中国奶业质量安全工作重点 33
- （一）突出强化婴幼儿配方乳粉监管 34
- （二）继续加强乳品质量安全监管 34
- （三）推动乳制品加工业发展 35
- （四）加强优质奶源基地建设 35
- （五）树立奶业品牌扩大乳品消费 35

附录：乳品科普知识 38

一、中国奶业质量安全概要

2017年是"十九大"胜利召开之年,是中国奶业进入新时代、转型升级的关键之年。一年来,中国奶业以优质安全、绿色发展为核心目标,加快变革与创新,乳品产量总体稳定,质量持续提升,现代奶业建设稳步推进,监管工作成效显著。

(一)乳品产量基本稳定

2017年,全国奶类产量3 655.2万吨,同比下降1.5%,比2012年下降5.68%。中国奶类产量位于印度和美国之后,居世界第三位,约占全球总产量4.5%。中国乳制品产量2 935.0万吨,同比增长4.2%,比2012年增长15.3%。

(二)乳品质量持续提升

2017年,生鲜乳抽检合格率99.8%,与2016年持平;三聚氰胺等重点监控违禁添加物抽检合格率连续9年保持100%。婴幼儿配方乳粉抽检合格率99.5%,同比增加0.8个百分点;乳制品总体抽检合格率99.2%,继续在食品中保持领先。

(三)现代奶业建设稳步推进

2017年,中国奶业转型升级步伐进一步加快,标准化、规模化、组织化水平不断提高。全国荷斯坦奶牛平均单产7.0吨，同比增长0.6吨，比2012年增长1.4吨。存栏100头以上奶牛规模养殖比重达到58.3%，同比提高6个百分点，比2012年提高21.1个百分点。规模牧场100%实现机械化挤奶，90%配备全混合日粮（TMR）搅拌车。奶农专业合作社达到16 181个，同比增加0.9%。

（四）质量安全监管工作成效明显

连续9年组织实施生鲜乳质量安全监测计划和专项整治行动，监测范围覆盖所有奶站和运输车，落实"确保婴幼儿配方乳粉奶源安全六项措施"，强化婴幼儿乳粉奶源监管，2017年抽检生鲜乳样品2.3万批次，现场检查奶站1.03万个（次）、运输车0.83万辆（次）。严格进口乳制品监管，未准入境乳制品244批次，已全部按要求退货或销毁。

（五）保质量促发展任务艰巨

通过转型升级、创新驱动、提质增效、补齐短板，奶业监管力度持续加大，监管措施更加有力，生鲜乳和乳制品质量安全水平持续提升，当前处于历史最好时期。但由于我国奶业发展起步晚，加之生产主体多、产业链条长，监管对象点多面广等，保障质量安全和振兴奶业的任务依然艰巨。

专栏一

牢记总书记嘱托　让祖国下一代喝上好奶粉

2017年1月24日，习近平总书记考察了旗帜婴幼儿乳品股份有限公司，对企业确保质量安全最优化的做法表示肯定。

习近平强调，我国是乳业生产和消费大国，要下决心把乳业做强做优，生产出让人民群众满意、放心的高品质乳业产品，打造出具有国际竞争力的乳业产业，培育出具有世界知名度的乳业品牌。食品安全关系人民身体健康和生命安全，必须坚持最严谨的标准、最严格的监管、最严厉的处罚、最严肃的问责，切实提高监管能力和水平。

习近平指出，"让祖国的下一代喝上好奶粉，我一直很重视"，殷切希望国产品牌在市场中起主导作用。创品牌的过程中，信誉很重要，科技很重要，既要有高的标准，更要每一步脚踏实地、扎扎实实，持之以恒抓好饲料、养殖、加工、销售各个环节，最后让市场说话，让群众说话！

二、中国奶业生产与消费

(一)奶牛养殖

1. 奶类产量

2017年,中国奶类产量3 655.2万吨,同比下降1.5%,比2012年降低5.68%(图2-1)。其中,牛奶产量3 545.3万吨,同比降低1.6%;羊奶等其他奶类产量118万吨,同比增长2.0%。中国奶类产量位于印度和美国之后,居世界第三位,约占全球总产量4.5%(图2-2)。

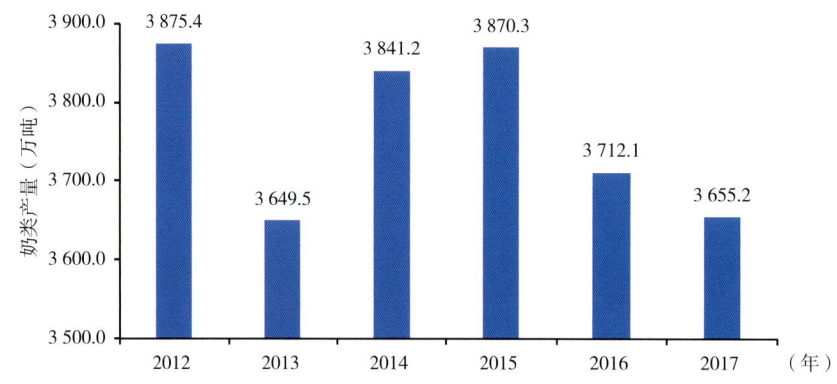

图2-1 2012—2017年全国奶类产量

数据来源:国家统计局

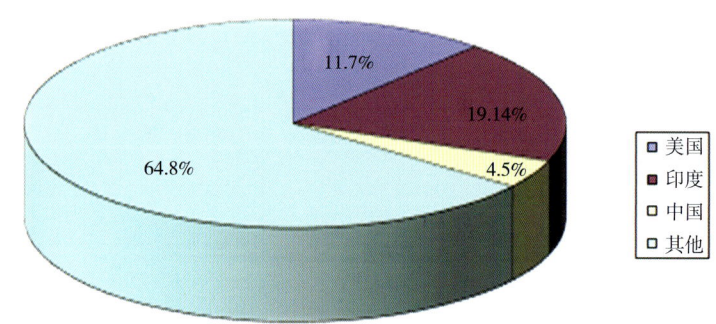

图2-2 中国奶类产量占世界比重

数据来源:国际乳业联合会(IDF)、国家统计局

2. 规模养殖水平

2017年,中国奶牛场(户)均存栏奶牛114头,同比增加39头,增幅50.5%;规模养殖进程进一步加快,100头以上规模养殖比例为58.3%,同比提高6个百分点,比2012年提高21个百分点(图2-3)。

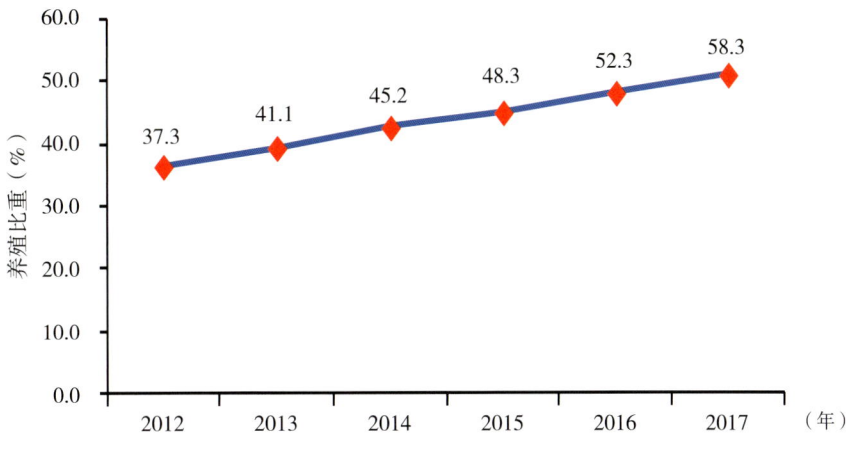

图 2-3 2012—2017 年全国奶牛规模养殖比重变化

数据来源：农业农村部

3. 奶牛单产水平

2017 年，全国荷斯坦奶牛平均单产 7.0 吨，同比增长 0.6 吨。对 1 500 多个存栏 100 头以上的规模牧场奶牛生产性能测定显示，奶牛平均日产 29.0 千克，折合年单产 8.7 吨（表 2-1）。

表2-1 2012—2017年规模牧场奶牛平均单产

年度	参测牛只（万头）	日产奶量（千克/天）
2012	52.6	24.5
2013	52.9	24.3
2014	73.8	25.8
2015	79.5	27.8
2016	100.5	28.1
2017	120.2	29.0

数据来源：中国奶业协会

4. 奶农组织化程度

2017 年，中国奶农专业生产合作社 16 181 个，同比增加 144 个，增幅为 0.9%，比 2012 年增加 31.1%，奶农组织化水平逐年提升（图 2-4）。

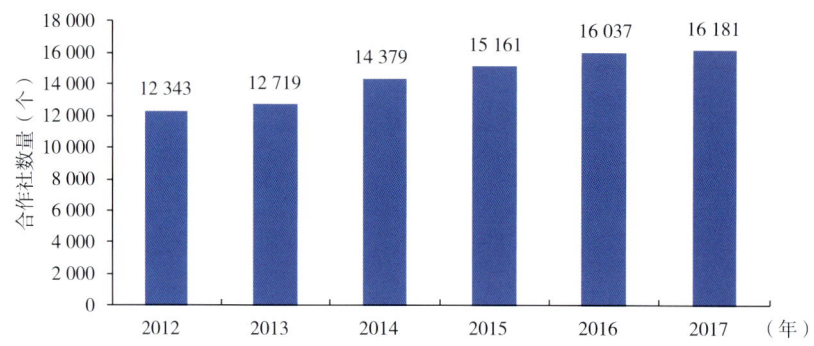

图 2-4　2012—2017 年全国奶农专业生产合作社数量

数据来源：农业农村部

5. 生鲜乳价格

2017 年 10 个主产省区[①] 全年生鲜乳平均收购价格为 3.48 元／千克，比 2016 年平均价格略涨 0.3%，生鲜乳价格仍处于较低水平（图 2-5）。

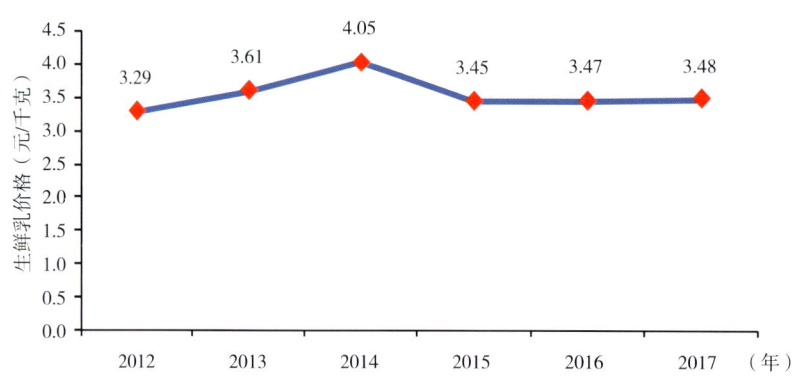

图 2-5　2012—2017 年主产省区生鲜乳平均价格趋势

数据来源：农业农村部

（二）乳制品加工

1. 乳制品产量

2017 年，中国乳制品产量 2 935.0 万吨，同比增长 4.2%，比 2012 年增长 15.3%。其中，液态奶产量 2 691.7 万吨，同比增长 4.5%；乳粉产量 120.7 万吨，同比下降 13.2%（图 2-6）。

---

① 10 个主产省区为：河北、山西、内蒙古自治区、辽宁、黑龙江、山东、河南、陕西、宁夏回族自治区、新疆维吾尔自治区

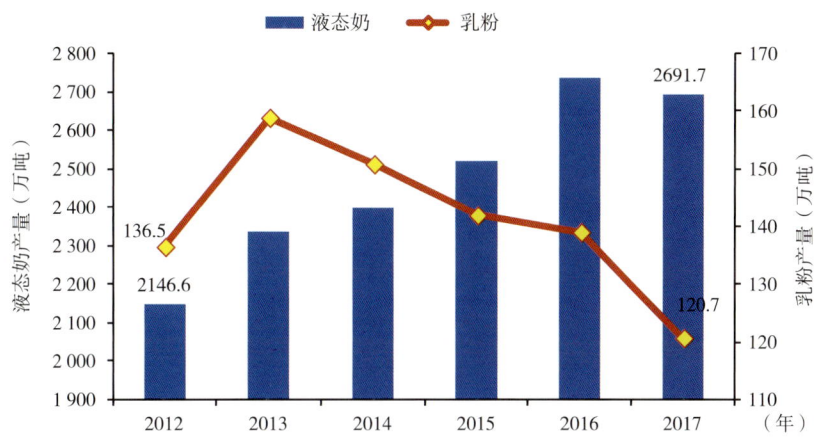

图 2-6　2012—2017 年全国乳制品产量变化

数据来源：国家统计局

2. 乳制品加工业集中度

2017 年，中国规模以上乳制品加工企业（年主营业务收入 2 000 万元以上，下同）611 家，同比减少 16 家，比 2012 年减少 39 家。婴幼儿配方乳粉生产企业 108 家。

3. 乳制品价格

2017 年，中国牛奶平均零售价格为 11.5 元 / 千克，同比上涨 2.3%，比 2012 年上涨 26.5%；酸奶平均零售价格为 14.2 元 / 千克，同比上涨 1.0%，比 2012 年上涨 17.7%；国产品牌婴幼儿配方乳粉平均零售价格为 171.8 元 / 千克，同比上涨 3.3%，比 2012 年上涨 15.5%（图 2-7）。

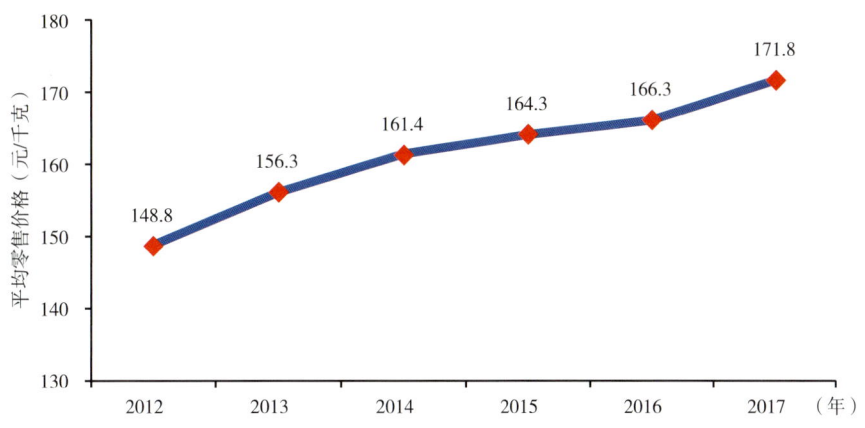

图 2-7　2012—2017 年国产品牌婴幼儿配方乳粉平均零售价格

数据来源：商务部

4. 乳制品销售额和利润

2017年，中国规模以上乳制品制造企业主营业务收入3 590.4亿元，同比增长6.8%，比2012年增长43.5%；利润总额244.9亿元，同比减少3.27%，比2012年增长40.7%（图2-8）。

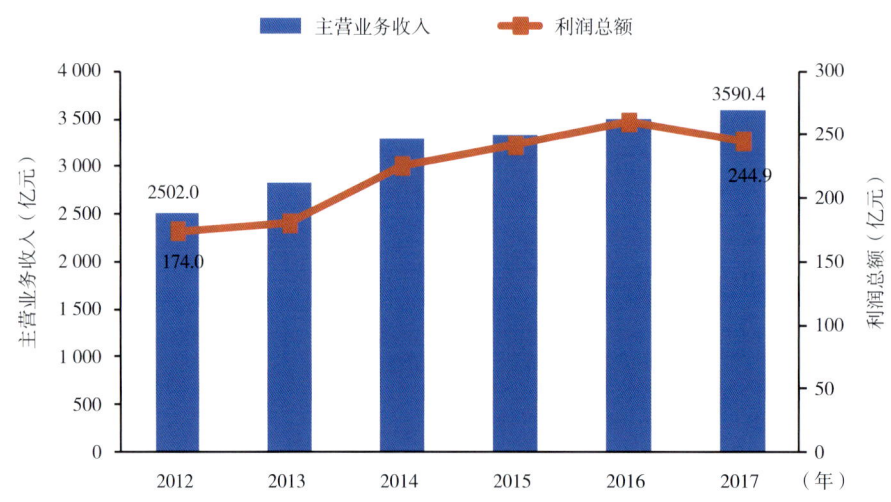

图2-8 2012—2017年全国乳制品加工行业销售和利润情况

数据来源：国家统计局

（三）乳制品及相关产品进出口

1. 乳制品进口

2017年，全年进口乳制品247.1万吨，同比增长13.5%，比2012年增长101.8%（图2-9）；进口总额88.0亿美元，同比增长37.9%，比2012年增长106.7%。2017年进口乳制品折合生鲜乳1 484.7万吨。2017年进口数量最大的前4种乳制品分别是大包乳粉、液态奶、乳清粉、婴幼儿配方乳粉，分别占29.0%、28.4%、21.4%和12.0%。

从进口来源国看，排名前五位的分别是，新西兰90.1万吨，占36.5%；美国33.8万吨，占13.7%；德国26.4万吨，占10.7%；法国18.5万吨，占7.5%；澳大利亚16.1万吨，占6.5%；其他国家共62.1万吨，占25.2%（图2-10）。

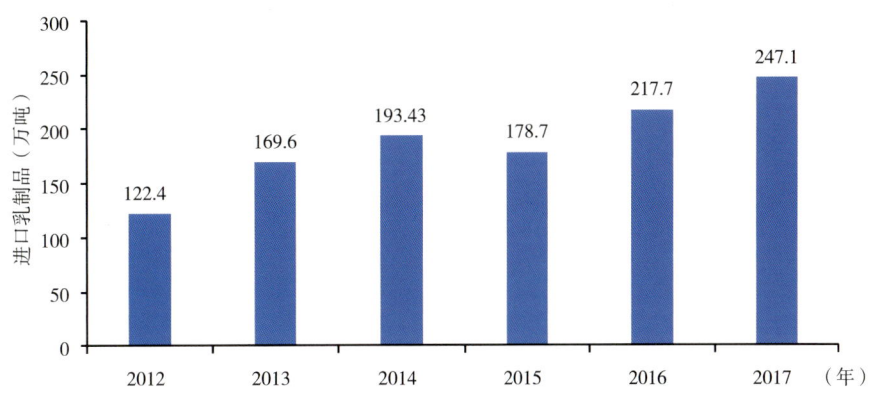

图 2-9　2012—2017 年中国进口乳制品数量
数据来源：海关总署

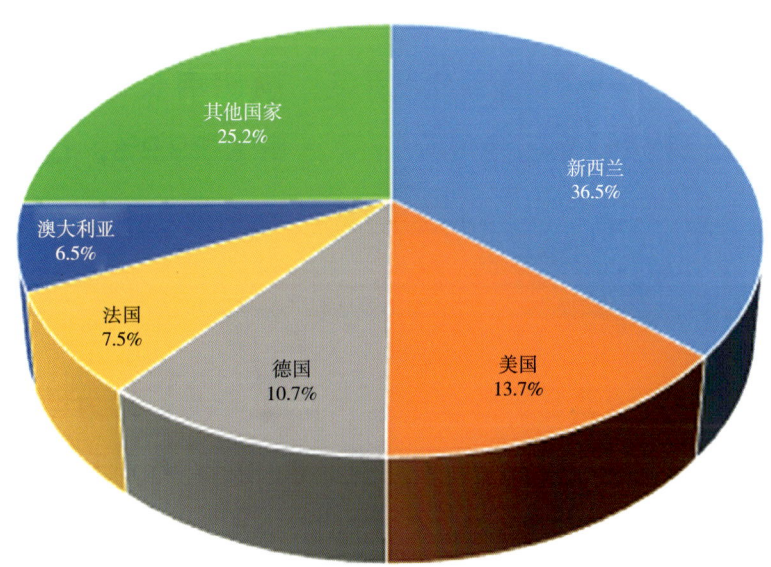

图 2-10　2017 年中国进口乳制品来源国
数据来源：海关总署

2. 奶牛和苜蓿进口

国产奶牛自繁自育数量增加，进口种用奶牛大幅下降。2017 年，中国进口良种奶牛 5.3 万头，同比减少 39.1%，比 2012 年减少 43.0%；平均进口价格 2 027 美元/头，同比上涨 11.8%，比 2012 年下跌 30.6%。

国产优质苜蓿供给大幅增加，苜蓿进口增速放缓。2017 年，进口苜蓿干草 139.9 万吨，同比增长 0.9%，比 2012 年增长 216%（图 2-11）；平均进口价格 303 美元/吨，同比下跌 5.7%，比 2012 年下跌 23.0%。

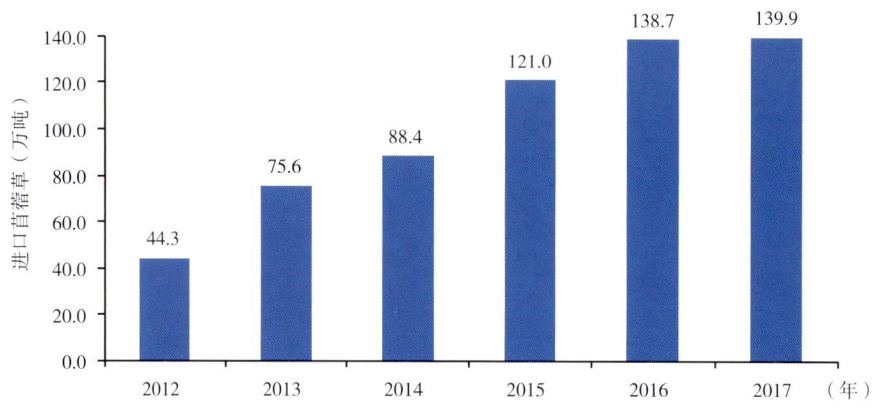

图 2-11　2012—2017 年中国进口苜蓿草数量

数据来源：海关总署

3. 乳制品出口

2017 年，乳制品出口总量 3.7 万吨，同比增长 13.6%，比 2012 年减少 17.3%；出口总额 1.2 亿美元，同比增长 59.9%，比 2012 年增长 47.5%。

（四）乳制品消费

我国人均乳制品消费量折合生鲜乳为 36.9 千克，约为世界平均水平的 1/3，主要以液态奶消费为主。美国奶酪人均消费 16.7 千克，折合生鲜乳 167 千克；欧盟奶酪人均消费 18.6 千克，折合生鲜乳 186 千克；我国奶酪人均消费 0.1 千克，折合生鲜乳 1 千克，相对偏低。

专栏二

民族奶业浴火重生　振兴中国奶业充满信心

2017年3月5日，农业部韩长赋部长在第十二届全国人大五次会议"部长通道"接受媒体采访时回应了有关奶业问题。韩长赋表示，奶业问题全社会关注，小康社会不能没有奶业，十几亿中国人不能没有自己的民族奶业。农业部把奶业作为农业供给侧结构性改革的一个重点。这些年，民族奶业知耻后勇、浴火重生，发生了一些脱胎换骨的变化。第一，养殖规模化。现在100头以上的规模养殖已经占到50%以上，农户家里房前屋后拴几头奶牛已成历史。第二，挤奶机械化。现在机械化挤奶已经达到了90%，"挤奶姑娘"已经成为历史。第三，产业集中化。现在前20强企业的奶业销售额和生产量都已经超过了50%。这些变化应该表明，中国奶业正在大踏步向着振兴前进。韩长赋说："我们要打造民族奶业的企业和知名品牌。我对中国奶业振兴还是充满信心，我也相信，有一天外国人到中国旅游来买中国的奶粉。"

（资料来源：中国网）

三、中国乳品质量安全

（一）奶牛养殖卫生安全

奶牛养殖环境和卫生条件是保障生鲜乳质量安全的基本要求。2017年，继续规范奶牛场选址与建设，完善奶牛场装备设施，保障饲草料供应，强化生鲜乳储运及生鲜乳收购站管理，不断改善奶牛养殖环境和卫生条件。

1. 奶牛场建设

2017年，全国奶牛存栏100头以上的规模养殖场约7 100个。规模养殖场严格按照《中华人民共和国畜牧法》等法律法规的规定，执行《奶牛标准化规模养殖生产技术规范》，加强动物防疫和生鲜乳质量安全管理，实现了标准化、规范化建设与生产。

2. 奶牛场设施装备

近年来，奶牛场的机械化、信息化、智能化装备和关键技术加快推广应用，质量安全保障能力进一步加强。2017年，全国规模牧场100%实现机械化挤奶，比2012年提高了10个百分点；90%配备了全混合日粮（TMR）搅拌车，同比提高了3个百分点。

3. 优质饲草料供应

苜蓿和青贮玉米是奶牛的主要粗饲料。2017年，全国优质苜蓿[①]种植面积420万亩（1亩≈667平方米，余同），产量251万吨，比去年增加41万吨，比2012年增加202.1万吨（图3-1）。优质苜蓿可满足200万头奶牛的饲喂需求。

---

① 符合《苜蓿干草捆质量标准》（NY/T 1170—2006）的二级及以上标准的苜蓿

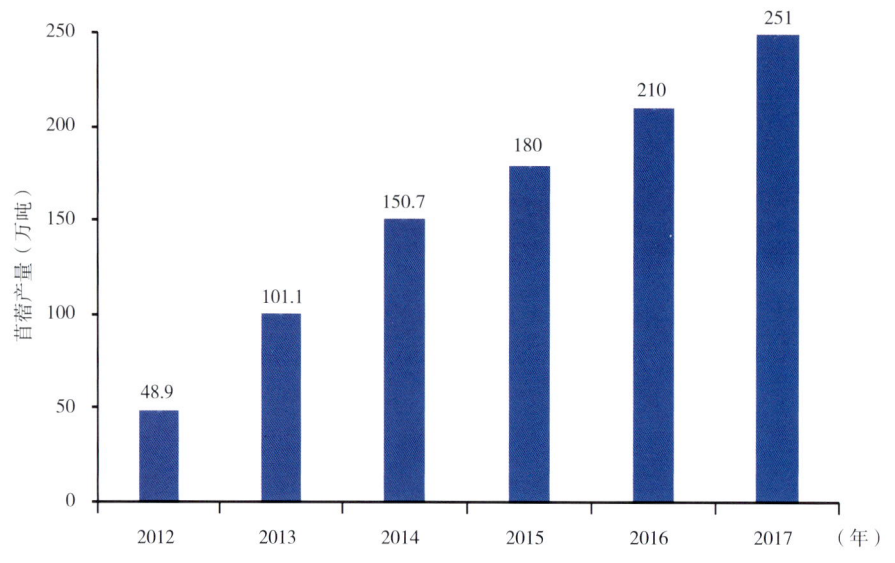

图 3-1　2012—2017 年全国优质苜蓿产量

数据来源：农业农村部

4. 生鲜乳收购站和运输车

通过严格落实生鲜乳收购站发证六项规定，执行《生鲜乳收购站标准化管理技术规范》，生鲜乳收购站的基础设施、机械设备、质量检测、操作规范、管理制度和卫生条件显著提升。2017 年生鲜乳收购站运输车监督管理系统已对全国 5 479 个生鲜乳收购站和 5 243 辆运输车进行了信息化、精准化管理，实现监管全覆盖，保障生鲜乳质量安全。

（二）生鲜乳质量安全

生鲜乳质量安全指标中，乳蛋白、乳脂肪是衡量生鲜乳营养价值的主要指标，杂质度、酸度、相对密度、非脂乳固体是体现生鲜乳理化性质的指标，菌落总数、黄曲霉素 M_1、体细胞数是反映生鲜乳卫生状况的主要指标，铅、铬是判断生鲜乳是否受到重金属污染的主要指标，三聚氰胺、革皮水解物是判断生鲜乳中是否存在人为添加违禁物的指标。

农业部从 2009 年开始实施生鲜乳质量安全监测计划，重点监测生鲜乳收购站和运输车，检测指标包括乳蛋白、乳脂肪、杂质度、酸度、相对密度、非脂乳固体、菌落总数、黄曲霉素 M_1、体细胞数、铅、铬、三聚氰胺、革皮水解物等多项指标，累计抽检生鲜乳样品 20 万批次（图 3-2, 图 3-3）。

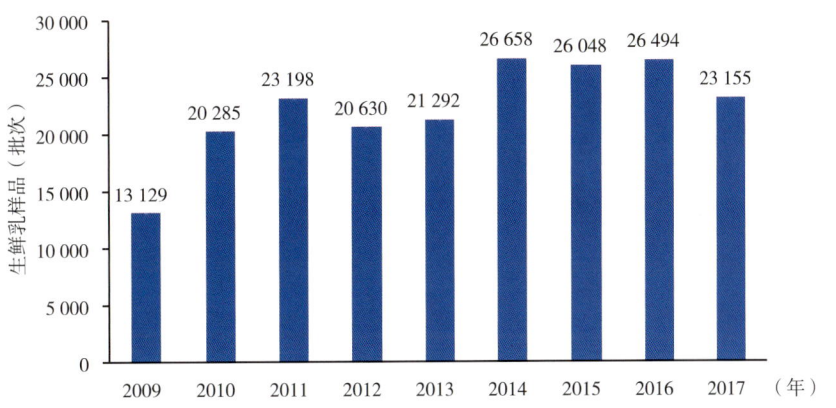

图 3-2　2009—2017 年抽检生鲜乳样品批次数

数据来源：农业农村部

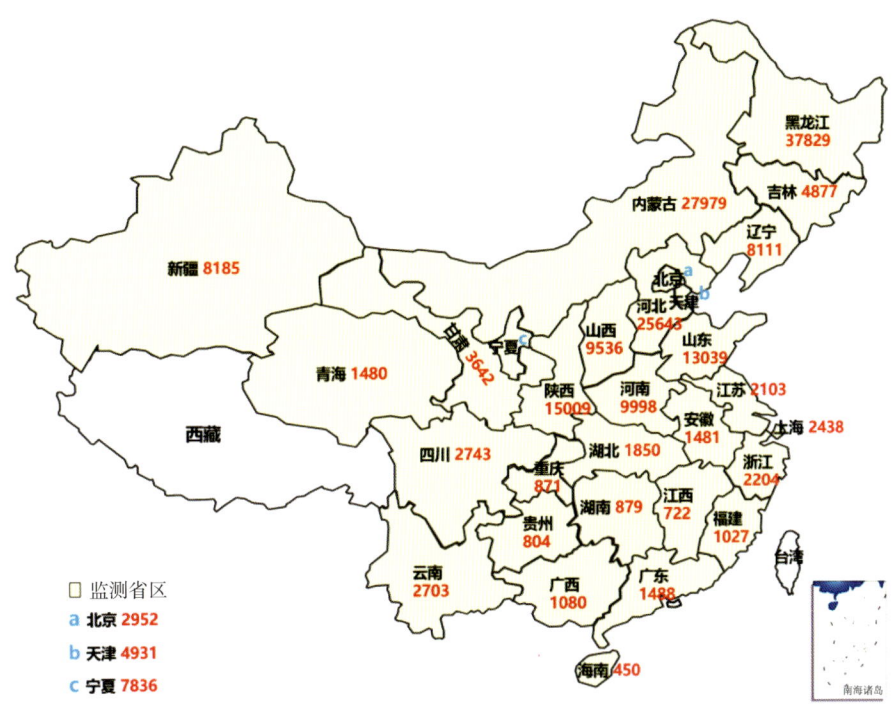

图 3-3　2009—2017 年生鲜乳监测计划覆盖省份及抽样量（示意图）

数据来源：农业农村部

1. 乳蛋白

乳蛋白是乳的主要成分之一，是反映牛奶营养品质的指标，乳蛋白含量国家标准为 ≥ 2.8g/100g。

2017 年，农业部对 4 355 批次生鲜乳样品进行监测，平均值为 3.23g/100g，同比增长 0.3%，远高于国家标准（图 3-4），规模牧场生鲜乳样品乳蛋白含量平均值为 3.35g/100g（图 3-5）。

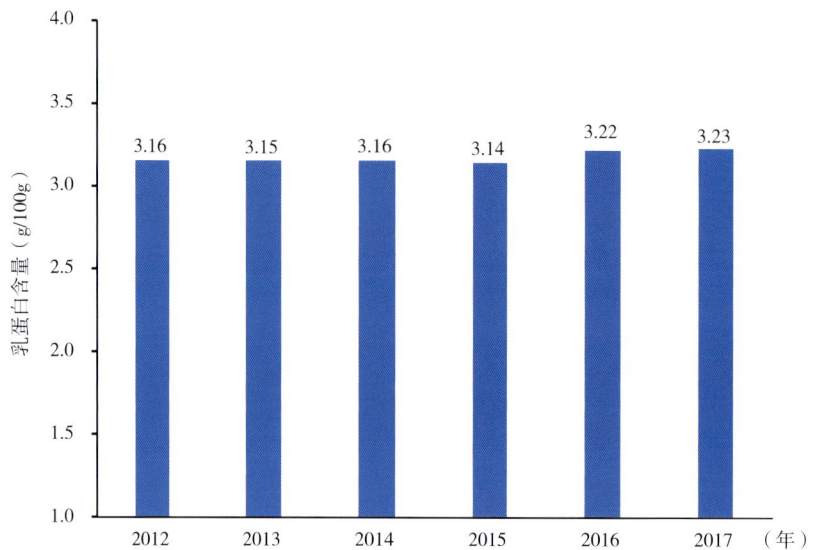

图 3-4　2012—2017 年全国生鲜乳样品中乳蛋白含量平均值

数据来源：农业农村部

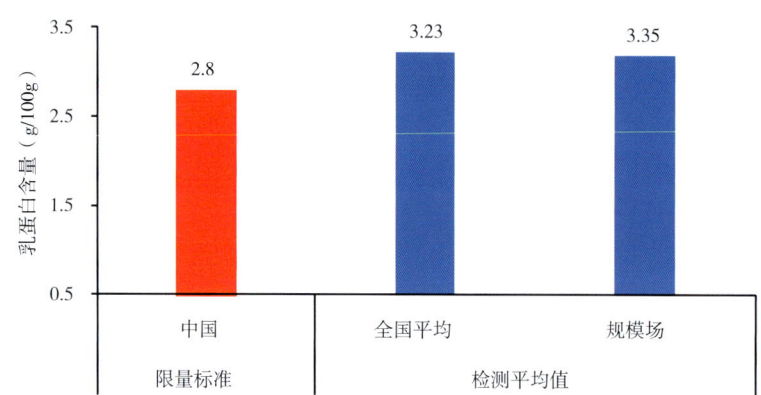

图 3-5　2017 年全国生鲜乳样品中乳蛋白含量与国家标准的比较

数据来源：农业农村部

2. 乳脂肪

乳脂肪是乳的主要成分之一，是反映牛奶营养品质的指标。乳脂肪含量国家标准为 ≥ 3.1g/100g。

2017 年，农业部对 4 348 批次生鲜乳样品进行监测，平均值为 3.80g/100g，同比略有降低，远高于国家标准（图 3-6），规模牧场生鲜乳样品乳脂肪含量平均值为 3.89g/100g（图 3-7）。

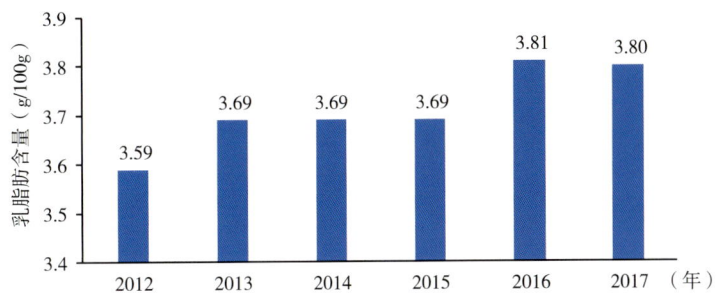

图3-6　2012—2017年全国生鲜乳样品中乳脂肪含量平均值

数据来源：农业农村部

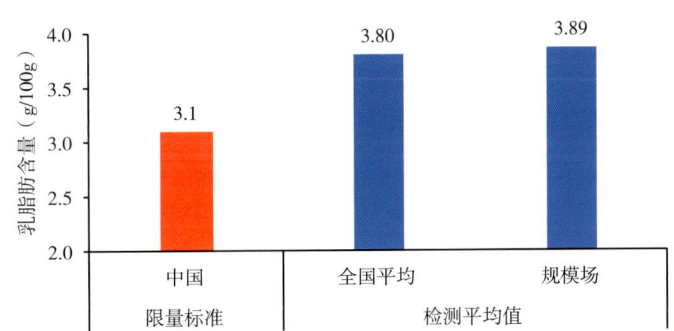

图3-7　2017年全国生鲜乳样品中乳脂肪含量与国家标准的比较

数据来源：农业农村部

3. 非脂乳固体

非脂乳固体是生鲜乳中除脂肪和水分外的物质的总称，非脂乳固体含量国家标准为≥8.1g/100g。

2017年，农业部对4 355批次生鲜乳样品进行监测，非脂乳固体含量平均值为8.9g/100g，同比增长1.1%，高于国家标准（图3-8）。

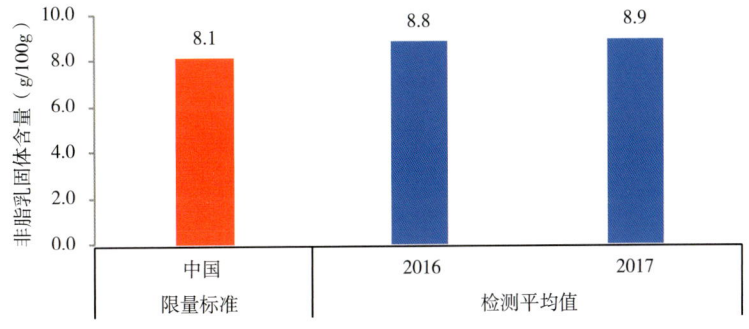

图3-8　2017年全国生鲜乳样品中非脂乳固体含量与国家标准的比较

数据来源：农业农村部

4. 杂质度

杂质度指生鲜乳中含有杂质的量，是衡量生鲜乳洁净度的重要指标，国家标准为≤4.0mg/kg。

2017年，农业部对4 375批次生鲜乳样品进行监测，杂质度均符合国家标准，全年抽检合格率为100%。

5. 酸度

酸度是评价牛奶新鲜程度的指标。国家标准规定，牛奶酸度范围为12~18°T。

2017年，农业部对4 373批次生鲜乳样品进行监测，牛奶酸度平均值为13.89°T，符合国家标准。

6. 相对密度

相对密度是反映牛奶是否掺水的重要指标，国家标准为20℃/4℃≥1.027。

2017年，农业部对4 375批次生鲜乳样品进行监测，相对密度平均值为1.031，高于国家标准（图3-9）。

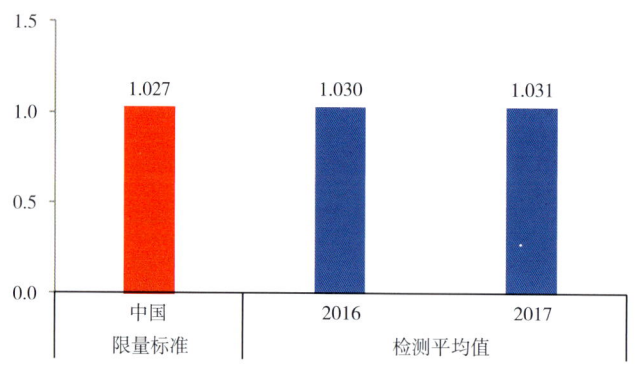

图3-9　2017年全国生鲜乳样品中相对密度平均值与国家标准的比较

数据来源：农业农村部

7. 菌落总数

菌落总数是反映奶牛场卫生环境、挤奶操作环境、牛奶保存和运输状况的一项重要指标。生鲜乳中菌落总数过高，不仅会影响牛奶的口感，还可能使乳制品中的细菌数超标，从而对人体造成伤害。世界各国都对生鲜乳中的菌落总数进行了限定。菌落总数的国家标准为≤200万CFU/mL。

2017年，农业部对4 374批次生鲜乳样品进行监测，平均值为31.3万CFU/mL，低于国家标准。另对220个规模牧场生鲜乳样品进行监测，菌落总数平均值为9.2万CFU/mL，低于全国平均水平（图3-10，图3-11）。

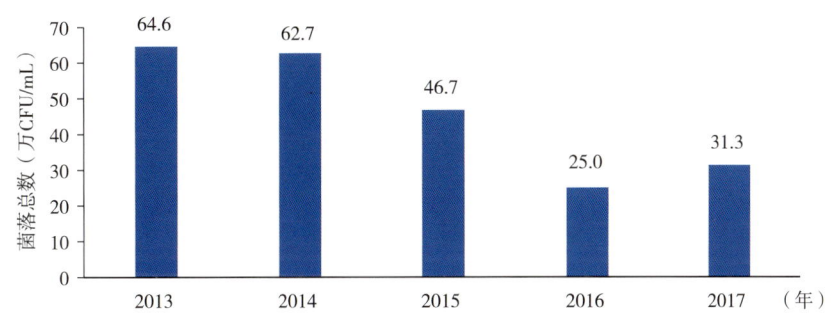

图3-10　2013—2017年全国生鲜乳样品中菌落总数平均值

数据来源：农业农村部

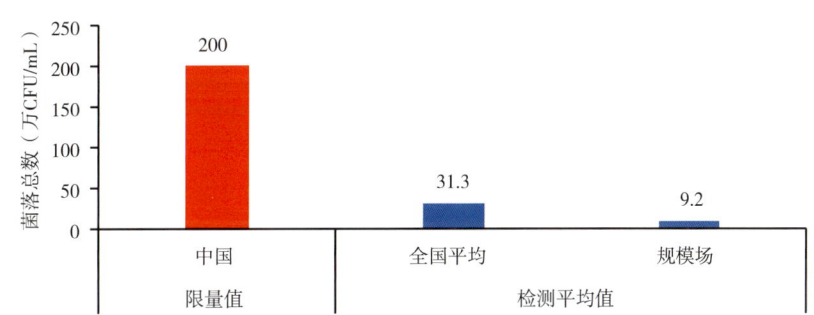

图3-11　2017年全国生鲜乳样品中菌落总数结果与国家标准的比较

数据来源：农业农村部

8. 体细胞数

体细胞数是衡量奶牛乳房健康状况和生鲜乳质量的一项重要指标，当奶牛乳房受到感染或伤害时，体细胞数会明显增加。体细胞数越高，生鲜乳中致病菌和抗生素残留的污染风险越大，对人体健康的危害也越大。欧盟和新西兰规定生鲜乳中体细胞数≤40万个/mL，美国规定体细胞数≤75万个/mL（A级、B级奶），我国暂未规定。

2017年，农业部对4 308批次生鲜乳样品进行监测，体细胞数平均值为30.9万个/mL，低于欧盟、新西兰和美国标准，规模牧场生鲜乳样品的体细胞数平均值 22.8 万个 /mL，低于全国平均水平（图 3-12）。

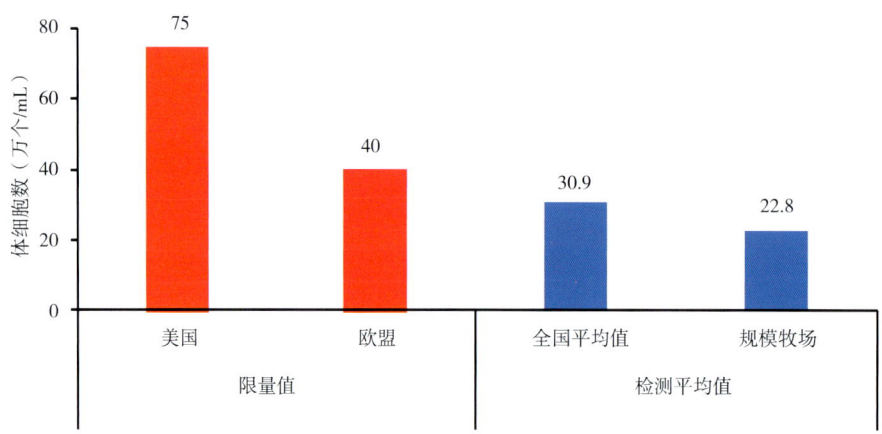

图 3-12　2017 年全国生鲜乳样品中体细胞数与美、欧标准的比较

数据来源：农业农村部

9. 黄曲霉素 M_1

2017 年，农业部对 17 765 批次生鲜乳样品进行监测，黄曲霉素 M_1 检出样品的平均值为 0.04μg/kg，远低于国家标准 0.5μg/kg（图 3-13）。

图 3-13　2014—2017 年全国生鲜乳黄曲霉素 M_1 检出样品的平均值与中国和美国标准的比较

数据来源：农业农村部

10. 铅

生鲜乳中铅的国家标准为 ≤ 0.05mg/kg。2017 年，农业部对 3 213 批次生鲜乳样品进行监测，铅检出样品的平均值为 0.018mg/kg，远低于国家标准（图 3-14）。

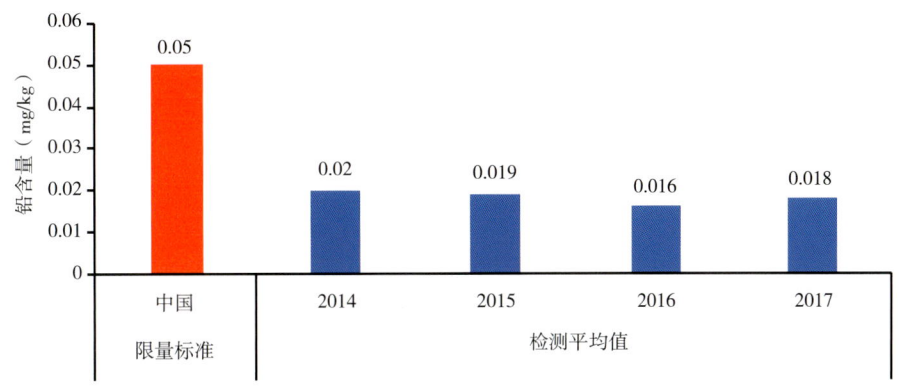

图 3-14　2014—2017 年全国生鲜乳铅检出样品的平均值与国家标准的比较

数据来源：农业农村部

11. 铬

生鲜乳中铬的国家标准为 ≤ 0.3mg/kg。2017 年，农业部对 3 214 批次生鲜乳样品进行监测，铬检出样品的平均值为 0.057mg/kg，远低于国家标准（图 3-15）。

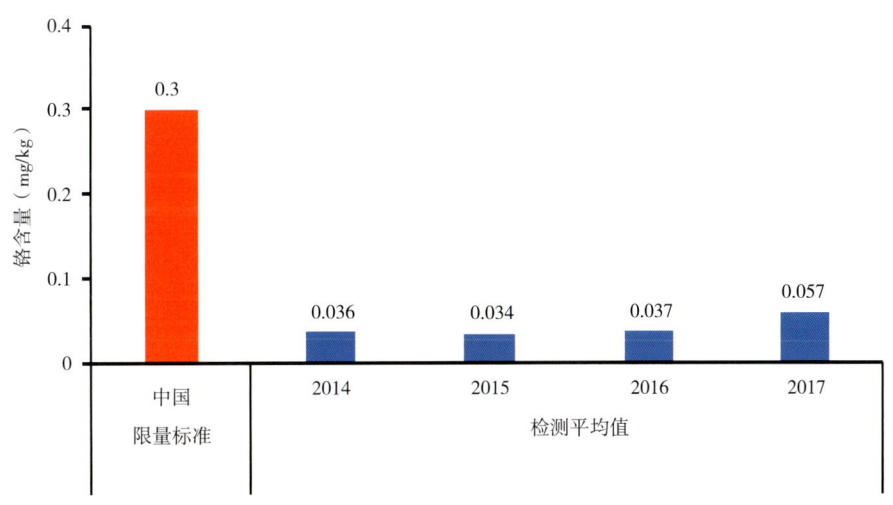

图 3-15　2014—2017 年全国生鲜乳铬检出样品的平均值与国家标准的比较

数据来源：农业农村部

12. 三聚氰胺

2017 年，农业部对 13 778 批次生鲜乳样品进行监测，仅 1 批次检出值为 0.02mg/kg，未超过 2.5mg/kg 的国家限量标准，抽检合格率 100%（图 3-16，图 3-17）。

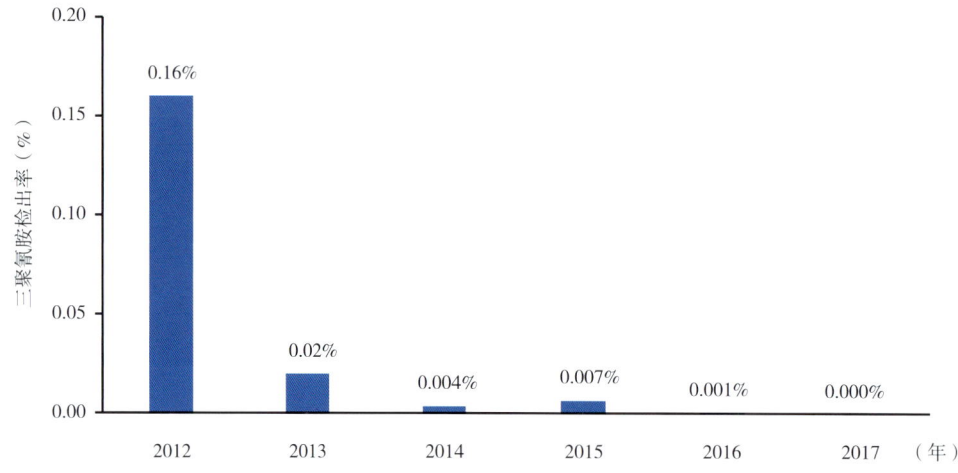

图 3-16　2012—2017 年全国生鲜乳样品中三聚氰胺检出率

数据来源：农业农村部

图 3-17　2012—2017 年全国生鲜乳样品中三聚氰胺检出最大值与中、美、加等

国限量标准的比较

数据来源：农业农村部

13. 革皮水解物

2009 年 2 月，革皮水解物列入《食品中可能违法添加的非食用物质名单》中，禁止在乳及乳制品中添加，不得检出。

2017 年，农业部对 8 018 批次生鲜乳样品进行监测，均未检出革皮水解物。

（三）乳制品质量安全

1. 与国内其他食品比较

2017 年，国家食品安全监督抽检食品样品 23.33 万批次，总体平均抽检合格率为 97.6%，比 2016 年和 2015 年均提高 0.8 个百分点。乳制品抽检合格率为 99.2%，其中，婴幼儿配方乳粉抽检合格率为 99.5%，比 2016 年提高 0.8 个百分点，不合格项目主要集中在标签标识方面（表 3-1）。

表3-1　2017年乳制品与食品抽检合格率比较

抽样	食品	乳制品	婴幼儿配方乳粉
合格比例（%）	97.6	99.2	99.5

数据来源：国家市场监督管理总局

2. 进口乳制品未准入境情况

2017 年，各地出入境检验检疫部门从来自 23 个国家或地区的乳制品中检出未准入境产品共计 244 批，约 521.9 吨。主要未准入境的事实为品质不合格、微生物污染、食品添加剂超范围或超限量使用等。所有未准入境的乳制品，都已依法做退货或销毁处理。

2017 年，未准入境的婴幼儿配方乳粉共 31 批次，约 33.6 吨，其中，韩国 15 批次、澳大利亚 11 批次、瑞士 3 批次、法国 2 批次（表 3-2）。

表3-2　进口乳制品未准入境情况表

项目	未准入境乳制品、国家和地区及不合格批次
类型	奶酪（98）、婴儿配方食品（31）、乳粉（32）、发酵乳（27）、灭菌乳（28）、乳清粉（5）、调制乳（9）、巴氏杀菌乳（3）、炼乳（2）、奶油（9）
进口国家或地区	大洋洲：澳大利亚（47）、新西兰（5） 欧　洲：意大利（41）、法国（31）、西班牙（18）、德国（14）、荷兰（9）、拉脱维亚（6）、波兰（5）、白俄罗斯（6）、瑞士（3）、立陶宛（3）、比利时（3）、奥地利（3）、爱尔兰（2）、英国（1）、乌克兰（1）、芬兰（1） 北美洲：美国（8） 亚　洲：韩国（19）、日本（4）、马来西亚（1）、中国台湾（13）

数据来源：海关总署

结论：

2017年监测结果表明，我国市场上乳品质量安全风险可控，整体状况良好。

第一，生鲜乳中乳蛋白和乳脂肪等营养指标达到较高水平。监测结果表明，2012—2017年，生鲜乳的乳蛋白和乳脂肪的平均水平高于《食品安全国家标准 生乳》中的规定，生鲜乳的质量安全水平大幅提升。

第二，生鲜乳中各项安全指标达到标准。菌落总数、黄曲霉素M_1、杂质度、酸度、铅、铬等监测平均值均符合我国限量标准，体细胞数平均值符合欧盟限量标准，表明我国奶牛养殖环境和奶牛健康状况显著改善，奶源优质安全。

第三，生鲜乳中不存在人为添加三聚氰胺、革皮水解物等违禁添加物的现象，生鲜乳收购、运输行为规范。自婴幼儿乳粉事件以来，不断强化生鲜乳质量安全监管，有效遏制了违禁添加等违法行为。

第四，继续把婴幼儿配方乳粉作为食品安全监管的重中之重，综合施策从严管理，加大婴幼儿配方乳粉进口产品的监管力度，严禁检测不合格乳制品进入我国，并依法对未准入境产品做退货或销毁处理，保护了消费者权益。

专栏三

造就一批知名品牌　带动民族奶业发展

2017年7月27日，2017中国奶业20强（D20）峰会在黑龙江省齐齐哈尔市召开，农业部副部长于康震在峰会上作主旨演讲。他强调，创建民族品牌是我国奶业发展的希望所在，要认真贯彻落实习近平总书记、李克强总理的重要指示精神，营造更加重视品牌、培育品牌的氛围，唱响品牌引领奶业发展，更多地培育品质优、效益好、带动力强、影响范围大的乳品品牌，为全面振兴中国奶业作出新的更大贡献。

于康震指出，奶业品牌建设是内强素质、外塑形象的系统工程。要以质量铸就品牌、创新培育品牌、产业化构建品牌、诚信维护品牌、宣传唱响品牌等为重点，建立完善工作机制，创新发展模式，健全服务体系，强化政策扶持，加大宣传力度，为品牌成长创造良好的条件，共同打造"中国奶业"这个大品牌。

近年来，我国奶业转型升级加快，在奶源基地建设、技术装备、企业管理、质量安全等方面取得了长足的进步，产业素质明显提升，竞争力不断增强，赢得了市场，获得了消费者认可，一批民族品牌脱颖而出。品牌竞争力增强，乳品主要加工装备和技术水平已经接近或达到世界先进水平，多个企业的多款产品多次获得国际大奖。品牌影响力增加，一些乳品企业深耕区域市场，一些企业从区域走向全国，一些企业登上世界舞台，利用全球资源能力和国际影响力逐步显现。品牌建设力度加大，乳品企业依靠优质奶源、拳头产品、核心技术、并购重组等优势打造知名品牌，组建专门品牌管理团队创建维护品牌，开展扶贫帮困、体育健身等社会公益活动，广泛传播品牌。

四、中国奶业质量安全监管

2017年，国务院有关部门继续加强乳品质量安全监管工作，进一步完善乳品法规标准体系，加大执法监管力度，落实乳品企业第一责任，着力构建严密的全产业链质量监管体系和高效安全的生产体系。

（一）继续完善乳品法规标准

中国现行的奶业标准共有200多项，涵盖奶畜养殖、生鲜乳、乳制品、生产加工、质量控制以及检测方法等各个环节和领域，国内标准与国际通行标准的一致性逐步提高，乳品标准体系日趋完善，为规范乳品生产和质量控制提供了依据。2017年，《食品安全国家标准 生乳》《食品安全国家标准 巴氏杀菌乳》《食品安全国家标准 灭菌乳》《巴氏杀菌乳和UHT灭菌乳中复原乳的鉴定》等4项国家标准制修订工作稳步推进。根据《中华人民共和国食品安全法》的有关规定，全面实施婴幼儿配方乳粉产品配方注册制，通过实施《婴幼儿配方乳粉产品配方注册管理办法》，解决配方过多、标签标识混乱等问题。2017年，国家市场监督管理总局（原国家食品药品监督管理总局）共批准130家企业952个配方。

（二）严格监控乳品质量安全

一是连续9年实施生鲜乳质量安全监测计划。2017年，组织全国40多家质检机构参与，采取专项监测、飞行抽检、异地抽检、风险隐患排查等方式，抽检2.3万批次生鲜乳样品。二是开展奶站清理和整顿。严格奶站和运输车资质条件审查，坚决取缔不合格奶站和运输车。2017年年末全国共有奶站5 479个，比2016年减少831个；运输车5 243辆，比2016年减少36辆。三是推进监管制度化。持续开展生鲜乳专项整治行动，落实各地奶站、奶车专人监管制度，做到不漏站、不漏车，坚决整改、取缔不合格奶站和运输车。四是推进监管信息化。运行奶站和运输车监管监测信息系统，对全国所有生鲜乳收购站和运输车，全部纳入精准化、全时段管理。五是加强乳制品质量安全监督抽检。2017年乳制品抽检合格率为99.2%，其中婴幼儿配方乳粉抽检合格率为99.5%，比2016年提高0.8个百分点，依法监督企业下架召回不合格产品，督促企业查找不合格原因并进行整改，对违法违规行为进行严肃处罚。六是形成工作合力。在乳品质量安全监管、复原乳监督检查、奶业生产发展、乳品消费引导等方面共同采取措施，定期召开10个部门参加的奶业部际联席会议。向国务院上报《关于推进奶业振兴保障乳品质量安全的意见（代拟稿）》。

（三）全过程严格监管婴幼儿配方乳粉

一是源头严控。继续落实"确保婴幼儿配方乳粉奶源安全六项措施"，从奶源基地建设、饲草料供应、奶站和运输车监管、奶源质量安全抽检、培训推广关键技术、政策扶持六个方面确保婴幼儿配方乳粉奶源安全。二是过程严管。严格企业生产环境、设备运行状态和设备运行过程的管理，严格建立追溯体系。组织开展婴幼儿配方乳粉生产企业食品安全生产规范体系检查。截至2017年年底，共对89家企业开展99次体系检查，责令19家企业停业整改，立案查处10家企业。各地严格督促企业对检查中发现问题整改到位，并向社会公布体系检查结果。三是产品严检。坚持"市场买样、异地抽样、月月抽检、月月公布"原则，对国内所有在产婴幼儿配方乳粉生产企业全覆盖抽样，对婴幼儿配方乳粉食品安全国家标准规定的检验项目全覆盖检测。2015—2017年共抽检婴幼儿配方乳粉8 607批次产品。四是违法严惩。对监督抽检发现的不合格产品及其企业，监管部门立即责令企业下架召回、停产整改。

（四）着力提高奶牛养殖水平

一是继续大力推动奶牛标准化规模养殖。开展奶牛养殖标准化示范创建，支持奶牛养殖场改扩建、小区牧场化转型和家庭牧场发展。支持32个奶牛养殖大县开展整县种养结合试点，扶持387个奶牛养殖场区升级改造。二是加强奶牛良种繁育体系建设。深入实施《中国奶牛群体遗传改良计划（2008—2020年）》，开展优秀种公牛培育，2017年荷斯坦牛良种覆盖率达到100%。三是持续开展奶牛生产性能测定工作。安排资金测定奶牛

120.2万头（次），指导牧场测奶科学养牛，提高牧场管理水平和奶牛生产能力。四是继续实施振兴奶业苜蓿发展行动。在甘肃等13个省份支持建设50万亩高产优质苜蓿基地，将粮改饲试点扩大到453个县，建设全株青贮玉米基地1 334万亩，提高奶牛优质饲草料供应能力。五是全面组织开展奶农培训。2017年以来，继续举办奶牛"金钥匙"、奶农专项技能岗位、生产性能测定技术等系列培训班，共培训5 000多人次，有效提升了奶农养殖技术水平。

（五）大力提升乳品企业竞争力

一是继续推动乳品企业特别是婴幼儿配方乳粉企业兼并重组。支持企业做优做强，提高产业集中度和规范化、规模化、现代化发展水平。二是实施品牌战略。增强企业技术核心竞争力和品牌影响力，支持企业增品种、提品质、创品牌，着力提高乳品有效供给能力和水平，培育一批具有国际影响力的乳品品牌。三是提升乳品企业质量安全保障能力。重点支持婴幼儿配方乳粉企业开展GMP改造、产品质量检测能力建设、质量安全追溯体系建设等配套硬件条件改善。四是推进诚信体系建设。继续实施《食品工业企业诚信管理体系》国家标准，着力完善乳品企业诚信管理体系，推动规模以上婴幼儿配方乳粉企业全部建立诚信管理体系。

（六）强化奶业宣传

召开第三届中国奶业D20峰会，完善D20联盟机制，提升民族奶业品牌影响力。组织"中国小康牛奶行动"，奶业20强企业开展牛奶公益助学，捐赠牛奶货值6 155.7万元，惠及63.63万贫困地区学子。举办奶酪校园推广行动、全国牛奶和健康知识竞赛，在中央电视台播放牛奶公益广告，组织"世界牛奶日"等公益宣传，组织编写、发放《奶业科普百问》，普及奶业知识，扩大消费群体。推介北京归原奶庄、河北君乐宝乳业优致牧场等8个牧场为第一批全国休闲观光牧场，树立行业形象，增强消费者对国产乳制品的了解与信任，提振消费信心。

专栏四

领军企业突出　中国奶业得到世界认可

2017年6月16日，第八届中国奶业大会暨2017中国奶业展览会在南京召开。中国奶业协会会长高鸿宾表示，要充分肯定中国奶业取得的巨大历史进步和发生的根本性变化。

标志一，养殖水平大幅度提高。 2016年全国奶牛养殖场（户）平均存栏75头，100头以上规模养殖比例达到53%，100%实现机械化挤奶，85%以上使用全混合日粮（TMR），全国荷斯坦牛平均年单产6.4吨，规模牧场平均达到8.4吨，单产水平达到10吨以上的企业也不少。奶牛存栏减少6.8%，但奶类产量仅下降3.9%，生鲜乳供应充足主要得益于奶牛单产提高和大型养殖场产能的提高。

标志二，生鲜乳质量大幅度提高。 据农业农村部监测，全国生鲜乳乳蛋白率平均3.22%，规模牧场为3.33%；乳脂率3.81%，规模牧场为3.87%；菌落总数平均25万CFU/mL，规模牧场为13万CFU/mL；体细胞数平均59.2万个/mL，规模牧场30.1万个/mL，美国标准为75万个/mL。生鲜乳质量已步入国际先进水平，完全具备生产一流优质乳制品的基础和条件。

标志三，监管监测水平大幅度提升。 目前国家对奶业实行的是史上最严格，甚至是最严苛的全产业链的监管制度。监管监测结果令人欣慰，2016年违禁添加物检测合格率100%，生鲜乳检测合格率99.8%，乳制品检测合格率99.5%，婴幼儿配方乳粉合格率98.7%，而同期食品检测合格率为96.8%。

五、2018年中国奶业质量安全工作重点

全面贯彻落实《国务院办公厅关于推进奶业振兴保障乳品质量安全的意见》，按照高质量发展的要求，以实施乡村振兴战略为引领，以优质安全、绿色发展为目标，以推进供给侧结构性改革为主线，以降成本、优结构、提质量、创品牌、增活力为着力点，强化标准规范、科技创新、政策扶持、执法监督和消费培育，加快构建现代奶业产业体系、生产体系、经营体系和质量安全体系，不断提高奶业发展质量效益和竞争力，大力推进奶业现代化，做大做强民族奶业，为决胜全面建成小康社会提供有力支撑。

（一）突出强化婴幼儿配方乳粉监管

督促企业不断落实食品安全主体责任，严格执行婴幼儿配方乳粉相关法律法规和标准。继续加大监管力度，持续保持高压态势。不断加强婴幼儿配方乳粉的监督抽检和风险监测，及时消除食品安全风险隐患。督促企业持续实施粉状婴幼儿配方食品良好生产规范（GMP）、危害分析与关键控制点体系（HACCP）等食品安全质量管理制度。强化婴幼儿配方乳粉产品配方注册管理，保障配方科学性、安全性。积极宣传婴幼儿配方乳粉质量安全监管成效，向社会发布监督抽检信息，客观、真实、全面展示婴幼儿配方乳粉质量状况。

（二）继续加强乳品质量安全监管

实施乳品质量安全监测计划，严厉打击违法添加行为。持续开展生鲜乳专项整治，严格奶站和运输车资质条件审查。强化奶牛养殖环节饲料、兽药等投入品监管，加强对奶牛场、奶站、运输车三个重点环节监管，着力构建严密的全产业链质量安全监管体系。完善奶站和运输车监管监测信息系统。督促企业全面落实食品安全主体责任，进一步完善质量安全管理体系，建立健全可追溯体系，提升质量安全保障能力，加强复原乳监管，严格落实标识制度。

（三）推动乳制品加工业发展

促进乳制品产品结构优化，引导企业积极研发乳制品生产新工艺、新技术。推进产业集聚发展，支持企业发展奶源生产基地，推进乳制品产业集群集聚发展，促进产业优化升级。深入推进婴幼儿配方乳粉企业兼并重组，加快培育具有较强国际竞争力的大型乳制品企业集团，进一步提高行业集中度，加快产业规范化、规模化、现代化发展。扩大婴幼儿配方乳粉质量安全追溯体系建设试点范围，逐步在婴幼儿配方乳粉全行业建立质量安全追溯体系。支持行业协会推介产品优质、美誉度高的企业及产品品牌，提升乳制品品牌影响力。组织乳制品企业定期开展公众开放日活动，让消费者增加对乳制品行业的科学了解，宣传乳制品消费及食品安全知识，营造良好舆论氛围。

（四）加强优质奶源基地建设

加大对奶牛标准化规模养殖、优质饲草料生产、优质良种奶牛繁育体系建设、粪污综合利用等支持力度，提高养殖竞争力。启动优质奶牛种公牛培育技术应用示范项目，完善奶牛生产性能测定工作，建设一批国家奶牛核心育种场，推进奶牛良种繁育体系建设。继续实施振兴奶业苜蓿发展行动，扩大粮改饲实施范围，新建高产优质苜蓿基地 50 万亩。推广应用奶牛场物联网技术和智能化技术设施设备，推进"数字奶业服务云平台"建设。开展生鲜乳目标价格保险试点，稳定养殖预期收益。通过奶牛金钥匙、苜蓿草堂行等多个平台，加大奶牛养殖先进实用技术普及推广。

（五）树立奶业品牌扩大乳品消费

实施奶业品牌战略，提升品牌影响力，培育壮大一批具有核心竞争力的乳品企业，促进我国奶业由生产大国向生产强国迈进。完善 D20 联盟机制，办好第四届中国奶业 D20 峰会，展示行业发展成效。持续开展小康牛奶行动和奶酪推广行动。组织拍摄和播放奶业宣传网络视频和广告，开展公益宣传，继续扩大《奶业科普百问》的发行量，组织编写《奶酪品鉴》，普及乳品营养知识。加大国家学生饮用奶计划的推广力度，培育扩大乳品消费市场。推介全国第二批休闲观光牧场，让消费者能亲身体验我国优质乳品的生产过程，增强国产乳品消费信心。

专栏五

振兴民族奶业　服务小康社会

2017年2月21日，由农业部、中国奶业协会联合主办的"中国小康牛奶行动"启动仪式在京举行。畜牧业司司长马有祥在仪式上通报了"中国小康牛奶行动"方案。他表示，奶业发展关系国民体质增强，是农业现代化的标志性产业，也是食品安全的代表性产业。"中国小康牛奶行动"将通过持续的牛奶公益宣传，宣传奶业成果，普及饮奶知识，提振乳品消费信心。

马有祥指出，没有全民健康，就没有全面小康，奶业发展关系民生保障，是农业现代化的标志性产业，也是小康社会不可或缺的产业。为贯彻落实习近平总书记对奶业发展的最新重要指示和中央文件精神，全面振兴奶业，引导扩大生鲜乳消费，农业部联合中国奶业协会启动"中国小康牛奶行动"。该活动主题是"振兴民族奶业、服务小康社会"，目的是通过持续开展牛奶公益宣传，宣传奶业成果，普及饮奶知识，实现生产消费良性互动，提升乳品消费信心。

附录　乳品科普知识

婴幼儿配方乳粉百科

1. 我国对婴幼儿配方乳粉的特殊规定

国家食品药品监督管理总局公布的《婴幼儿配方乳粉产品配方注册管理办法》（2016年第26号令）规定：申请注册产品配方应当符合有关法律法规和食品安全国家标准的要求，并提供证明产品配方科学性、安全性的研发与论证报告和充足依据。婴幼儿配方乳粉的生产企业应当具备与所生产婴幼儿配方乳粉相适应的研发能力、生产能力、检验能力，符合粉状婴幼儿配方食品良好生产规范要求（GMP），实施危害分析与关键控制点体系（HACCP），对出厂产品按照有关法律法规和婴幼儿配方乳粉食品安全国家标准规定的项目实施逐批检验。要求标签和说明书不得含有"涉及疾病预防、治疗功能；明示或者暗示具有保健作用；明示或者暗示具有益智、增加抵抗力或者免疫力、保护肠道等功能性表述"等内容。

2. 为什么说国产婴幼儿配方乳粉更适合中国宝宝？

婴幼儿配方乳粉是在母乳不足情况下的最佳替代品。由于遗传等方面的不同，全世界不同种族母乳的营养元素存在显著差异。例如，不同国家的婴儿配方乳粉关于锌、碘、铁等元素的标准值就存在很大不同，技术配方自然也就有区别。

在配方设计上，中国国产婴幼儿配方乳粉特别强调两大黄金原则：一是依据中国母亲的乳汁营养成分而专门设计；二是依据中国居民膳食营养素摄入量要求，全面满足中国婴幼儿生长发育的需要。因此，国产婴幼儿配方乳粉的技术配比和营养组成，更接近中国妈妈的母乳，更适合中国宝宝食用。

婴幼儿配方乳粉百科

3. 如何给宝宝选择更适合的乳粉？

选择婴幼儿配方乳粉要理性，注重产品品牌和质量口碑，建议通过权威网站，关注国家市场监督管理总局（www.samr.saic.gov.cn）等政府部门官网公布的对进口和国产婴幼儿配方乳粉监督抽检通告，不受市场广告渲染影响，更不应该忽略进货渠道而盲目推崇进口乳粉，一定要理智选择更适合中国宝宝的乳粉。

4. 婴幼儿配方乳粉1段、2段、3段含义是什么？

我国对婴幼儿配方乳粉有明确的分类方法，依婴儿月龄不同，分成三种类型：1段是对应0~6个月的婴儿配方乳粉，2段对应6~12个月的较大婴儿配方乳粉，3段对应12~36个月的幼儿配方乳粉，有时也用Ⅰ、Ⅱ、Ⅲ表示。要根据宝宝的不同月龄，选择不同阶段的配方乳粉。

5. 婴幼儿配方乳粉包装上标注的日期有何含义？

包装上标注的日期是产品的保质期，各款乳粉的保质期时间不尽相同，婴幼儿配方乳粉保质期一般在18个月或24个月，而且铁听（罐）装的保质期长于盒装和袋装。保质期是厂家向消费者做出的保证，保证在标注时间内产品的质量是最佳的。需要注意的是外包装所标注的保质期，是指未开封的保质期，而不是开罐以后乳粉保质期。虽然有的乳粉保质期是2年，但包装罐一旦打开，应让宝宝在1个月内吃完，不然乳粉易受潮、滋生细菌。

婴幼儿配方乳粉百科

6. 如何为宝宝正确冲调乳粉？

在冲调乳粉前，应清洁双手并将奶瓶洗刷干净，选用煮沸冷却下来的生活饮用水冲调。不要用矿泉水、米汤、豆浆等冲乳粉，否则，易引起孩子消化不良和便秘。冲调乳粉水温应在 40~50℃，太高太低都不好，具体以产品说明为准。冲调乳粉时产生泡沫是正常现象，可放心食用。冲调乳粉时，应仔细查看包装说明，按照推荐比例进行冲调。

正确冲调方法是先将用水量定准，然后将乳粉加入水中并搅匀。不管是什么品牌的配方乳粉，完成冲调后，常温下存放不能超过 2 小时，超过 2 个小时，就不要给宝宝喝了；如果宝宝喝了一部分，没喝完的应在 1 小时内喝完，超过这个时间，就不要给宝宝喝了。

7. 为宝宝冲调乳粉，越浓越好吗？

有些父母生怕孩子肚子饿，在喂食乳粉时，总想把乳粉调浓一点，有的甚至认为只要孩子吃得下，乳粉越浓越有营养，果真是这样吗？其实，如果浓度过高，婴儿的胃肠是不能完全吸收的，尤其是蛋白质，反而增加了婴儿的胃肠负担，造成腹胀、腹泻，也容易给营养吸收造成障碍。所以，婴儿的乳粉喂食量一定要与婴儿的月龄相适宜。如果婴儿乳粉的月食量超过标准，会出现厌食症或肥胖儿。具体冲调方法和用量，在喂养前一定要认真参考乳粉外包装的说明和指南。

婴幼儿配方乳粉百科

8. 袋装乳粉和罐装乳粉有何区别？

无论是罐装还是袋装的婴幼儿配方乳粉，都是按国家统一技术标准要求生产的，出厂质量没有区别，都能够满足婴幼儿正常生长发育需要。两者区别主要体现在保质期，由于包装密封性不同，一般罐装的保质期为2年，而袋装的保质期是18个月。

9. 宝宝的乳粉是否应该经常更换不同品牌的产品？

我国婴幼儿配方乳粉有统一国家技术标准和规范，国产品牌婴幼儿配方乳粉的主要技术指标和重要营养成分没有显著差异，质量稳定可靠，建议没必要为宝宝频繁更换乳粉。

10. 中国奶业20强企业（D20）中生产婴幼儿配方乳粉的企业名单：

内蒙古伊利实业集团股份有限公司
内蒙古蒙牛乳业（集团）股份有限公司
光明乳业股份有限公司
辽宁辉山乳业集团有限公司
北京三元食品股份有限公司
黑龙江省完达山乳业股份有限公司
君乐宝乳业有限公司
黑龙江飞鹤乳业有限公司
贝因美婴童食品股份有限公司
西安银桥乳业集团

专栏六

拼搏进取的中国奶业 D20

中国 D20 企业联盟简介

D20 是指中国奶业 20 强企业，D 是 Dairy 的首字母。2015 年中国奶业协会根据乳品企业品质和口碑、品牌影响力、奶源基地建设、自建牧场奶牛存栏、生鲜乳收购量、销售额等指标，在全国 600 多家乳品企业中评选出综合排名前 20 位的企业。

在中国奶业协会推动下，成立了中国 D20 企业联盟，联盟秘书处设在中国奶业协会，负责中国 D20 企业联盟日常工作和 D20 峰会的组织工作。2015 年 8 月 18 日在北京钓鱼台国宾馆召开首届峰会，汪洋副总理出席峰会并致辞；2016 年 8 月 26 日在河北石家庄召开第二届峰会，农业部韩长赋部长出席并作主旨报告，国家食品药品监督管理总局等部委相关负责人出席并演讲。2017 年 7 月 27 日在黑龙江齐齐哈尔召开第三届峰会，农业部副部长于康震出席并作主旨报告，国家食品药品监督管理总局、工业和信息化部等部委相关负责人出席并演讲。

D20 企业是中国奶业的领头羊

2017 年，D20 企业乳制品销售额 2 000 亿元，占全国乳制品销售总额的 55%；自建牧场荷斯坦奶牛存栏 150 万头，约占全国荷斯坦奶牛存栏的 22%；生鲜乳收购量 1 545 万吨，占全国生鲜乳收购总量的 60%。

D20 企业奶源质量优良

2017 年，农业部抽检 D20 企业的生鲜乳样品 11 134 批次，占全国总量的 48.1%。检测结果显示，D20 企业奶源质量良好，优于全国平均水平。

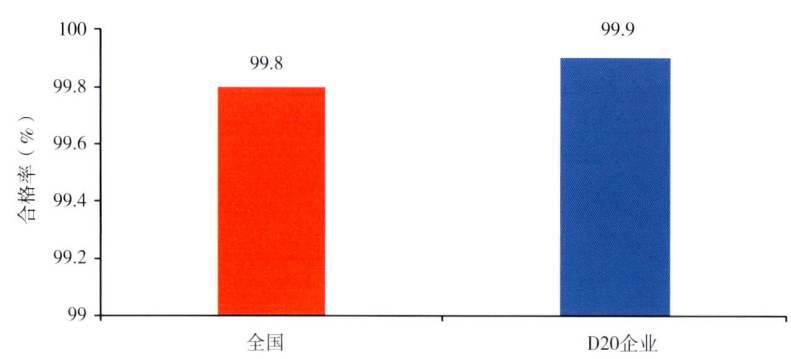

全国及 D20 企业生鲜乳监测合格率情况

数据来源：农业农村部

D20 企业名单

内蒙古伊利实业集团股份有限公司	内蒙古蒙牛乳业（集团）股份有限公司
现代牧业（集团）有限公司	光明乳业股份有限公司
辽宁辉山乳业股份有限公司	内蒙古圣牧高科牧业有限公司
北京三元食品股份有限公司	中垦乳业股份有限公司
黑龙江省完达山乳业股份有限公司	君乐宝乳业有限公司
新希望乳业控股有限公司	黑龙江飞鹤乳业有限公司
贝因美婴童食品股份有限公司	南京卫岗乳业有限公司
天津嘉立荷牧业集团有限公司	新疆西域春乳业有限责任公司
福建长富乳品有限公司	河南花花牛乳业有限公司
济南佳宝乳业有限公司	西安银桥乳业集团